AF191260

Bibliografische Information der Deutschen Nationalbibliothek
Die Deutsche Nationalbibliothek verzeichnet diese Publikation in der Deutschen Nationalbibliografie; detaillierte bibliografische Daten sind im Internet über http://dnb.d-nb.de abrufbar.

Layout und Gestaltung: Michael Maass und Bernd Wulf
Fotos: Fotos von Maass, Nager, Steinhausen
Herstellung und Verlag: Books on Demand GmbH, Norderstedt

Printed in Germany
ISBN 978-3-8423-5867-6

Tauschringe
gründen und gestalten

Bernd Wulf
(Herausgeber)

im Gespräch mit

Michael Maass
(Tauschring Neumünster)

„Das Ziel weicht ständig vor uns zurück. Genugtuung liegt im Einsatz, nicht im Erreichen. Ganzer Einsatz ist ganzer Erfolg."

Mahatma Gandhi

INHALT

1) EINLEITUNG

Tauschringe kommen und gehen. Manche haben eine kurze Lebenszeit, andere halten sich lange über Wasser, ermüden schließlich und verlieren an Glanz. Wieder andere wachsen, blühen und gedeihen. Das Interesse an Tauschringen ist trotz ihrer unterschiedlichen Schicksale ungebrochen.

Ungewisse Zukunftsprognosen für neue Tauschringprojekte raten zu einem Blick in Richtung der Erfolgsprojekte. Der Tauschring Neumünster ist ein solches Erfolgsprojekt. Da stellt sich die Frage nach den Gründen.

- ➢ Was unterscheidet den Tauschring Neumünster von anderen?
- ➢ Gibt es vermeidbare Fehler?
- ➢ Welche Randbedingungen fördern, welche hindern ein Tauschringprojekt?

Diesen Fragen wollen wir nachgehen. Nach einer kurzen Darstellung des Tauschringprinzips wird die Erfolgsgeschichte des Neumünsteraner Tauschrings nachgezeichnet. Der Tauschring Neumünster möchte auf diese

Weise zur Gründung weiterer Tauschringe beitragen, möchte Anregungen geben und die Diskussion um Tauschringe beflügeln.

Hier also zunächst ein paar Anmerkungen zum Funktionsprinzip von Tauschringen. Organisatorisch sind sie Selbsthilfeeinrichtungen.

Sie verwalten und organisieren sich selbst und zwar gemeinschaftlich. Aktive Beteiligung ist Notwendigkeit für den Erfolg.

Wie der Name schon sagt, basieren sie auf dem Prinzip des Austauschs. Um auszutauschen, müssen Werte bestimmt werden. Tauschringe sind geldfreie Zonen. Der Tauschwert errechnet sich stattdessen über Zeit. Diese Austausch-„Währung" hat eine hohe soziale Wirksamkeit. Der Wert einer Leistung wird nicht am gesellschaftlichen Status, sondern allein am Umfang der aufgebrachten Zeit gemessen. Eine Computerstunde hat denselben Tauschwert wie Fensterputzen.

Dieses Prinzip ist auch Voraussetzung für ein weiteres: Tauschringe sind Werteschöpfer. Talente, Hobbies, Neigungen erhalten über den Zeitfaktor einen Tauschwert. Tauschringe haben darüber hinaus eine soziale Funktion:

Regelmäßige Treffen schaffen soziale Kontakte und die Chance auf soziale Bindungen. Erbrachte Leistungen finden Anerkennung, erhaltene Leistungen erzeugen Dankbarkeit. Diese emotionalen Effekte verstärken die sozialen Bindungskräfte.

Damit wird schon deutlich, dass eine der wesentlichen Erfolgsvoraussetzungen emotionaler Natur sind: Der Atmosphäre nämlich, in der sich Tauschringbeziehungen bewegen. Vertrauen, Verlässlichkeit, Offenheit und Mut schaffen die Basis für stabile Beziehungen als Grundlage der eigentlichen Tauschaktivitäten. Diese Basis ist Quelle langfristiger Stabilität.

Die Frage nach dem Reiz von Tauschringen zielt zugleich auf ihren materiellen Kern: Welchen Nutzen bringen sie und welchen Aufwand fordern sie für die Tauschringmitglieder? Tauschringe sind keine Wohlfahrtseinrichtungen. Sie handeln und zwar mit Zeit. Zeit wird gegeben und Zeit wird angenommen. Über die Zeit werden Leistungen abgerechnet. Tauschringmitglieder leihen sich untereinander Zeit. Wer Zeit geliehen bekommt, muss sie an anderer Stelle zurückgeben. Das ist das Tauschprinzip. Ein wenig Buchführung über die

Zeitkontingente sorgt für Gerechtigkeit. So einfach ist das Tauschringprinzip.

Tauschringe stehen also auf zwei Säulen: Der Gemeinschafts säule und der Austauschsäule. Die Stabilität dieser beiden Säulen ist Garant für den Tauschringerfolg. Wie diese beiden Säulen mit Leben gefüllt werden und wie sie zum Erfolg beitragen, das soll nun am Beispiel des Tauschrings Neumünster näher dargestellt werden. Es geht nicht darum, Nachahmung zu empfehlen. Jeder Tauschring wird sich auf die Suche begeben auf den für ihn richtigen Weg. Es geht vielmehr darum, zu erfolgversprechenden Lösungswegen anzuregen. Am Ende hat jeder Tauschring außer den grundlegenden Gemeinsamkeiten seine ganz besonderen lokalen Ausprägungen. Sie sind wichtig, denn darin finden sich die Mitglieder wieder, in der von ihnen selbst gewählten Gestalt.

2) DIE ORIENTIERUNGS-PHASE

 Projekte zu planen, die so viele offene Fragen in sich tragen, ist nicht jedermanns Sache. Die Gründung eines Tauschringes ist eine verantwortungsvolle Angelegenheit. Ein paar Ungeschicklichkeiten und schon ist alles zu spät. Der Tauschring Neumünster wird erzählen, was bis zur Gründung alles unternommen wurde. Für Ihre Planung finden Sie im Anschluss eine Checkliste. So können Sie ganz entspannt an die Aufgabe herangehen und Ihr Projekt dabei um Ihre ganz persönlichen Aspekte erweitern. Unter diesen Bedingungen macht Planen Spaß.

Wenn sich bei Ihnen dabei kein gutes Gefühl einstellt, haben Sie Ihre Rolle noch nicht gefunden. Wenn die Idee zu einer Pflicht wird anstelle Sie zu stimulieren, sind Sie kein Gründungstyp. Das muss trotzdem nicht das Ende der Idee sein. Suchen Sie Verbündete, vor allem solche, die gern in das Ungewisse hinein planen, mit Unsicherheiten umzugehen gewohnt sind und keine Angst vor dem nie ganz auszuschließenden Misserfolg haben.

Dieses Buch würde es nicht geben ohne Michael Maass, den Gründer des Tauschringes Neumünster. Er ist seit 5 Jahren Projektleiter des Tauschringes, hatte die Idee zu diesem Buch, ist Kenner der Materie und steuert seine praktischen Erfahrungen bei. Ich habe mit ihm viele Gespräche geführt, aus denen ich im Folgenden immer wieder zitiere.

Was hat Dich auf die Idee gebracht, einen Tauschring zu gründen?

Das hing mit meiner ganz persönlichen Lebenssituation zusammen. Ich war aus dem Berufsleben ausgeschieden, saß nun mit einem Mal den ganzen Tag zu Hause und 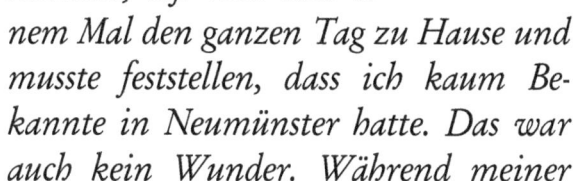 *musste feststellen, dass ich kaum Bekannte in Neumünster hatte. Das war auch kein Wunder. Während meiner*

Berufstätigkeit war ich viel unterwegs, hatte kaum Zeit für private Dinge und so konnte ich mich damals um private Kontakte gar nicht kümmern.

In dieser Zeit habe ich auch im Internet herumgestöbert und bin durch Zufall auf das Thema Tauschring gestoßen, das war die Homepage vom Tauschring Kiel. Das hat mir auf Anhieb gefallen, weil mir die Grundgedanken der Solidarität, der Selbsthilfeaspekt und die sozialen Wirkungen zugesagt haben. Mir hat schon das Wort Tauschring gefallen, weil da Geben und Nehmen anders organisiert ist als über Geld. Gefallen hat mir auch, dass der Wert der Leistung immer gleich ist und nur die Zeit berechnet wird. Es ist also genauso wertvoll Fenster zu putzen wie auch einen Computer zu reparieren.

Von da an habe ich mich intensiver mit Tauschringen befasst, mir Informationen besorgt und mich kundig gemacht.

Durch einen weiteren Zufall habe ich dann erfahren, dass es in Neumünster eine Initiative gibt, die einen solchen Tauschring gründen will. Diese Idee ging vom Quartiersmanagement Vicelinviertel in Neumünster aus, einem Projekt der Arbeiterwohlfahrt, das sich den sozialen Problemen in diesem Stadtteil widmet.

Das Quartier-Management hatte damals einen Vortrag angekündigt mit einem Referenten vom Tauschring Naturpark Aukrug. Den Vortrag habe ich mir angehört. Bei diesem ersten Treffen kamen an die 25 Interessenten zusammen. Aus diesen Zuhörern bildete sich eine Arbeitsgruppe von 10 bis 12 Leuten, die sich an der Gründung eines Tauschringes beteiligen wollten. Damit war der erste Schritt vollzogen: Es gab eine Tauschring-Gründungsgruppe.

3) DIE GRÜNDUNGS-PHASE

Die ersten Schritte möchten besonders gut geplant sein. Wenn Interessenten zusammen kommen, wollen sie das Gefühl haben, dass aus dem Projekt etwas werden kann. Das wird sehr viel einfacher, wenn es möglich ist, sich an eine bestehende Organisation anzulehnen. Damit lösen sich viele Anfangsprobleme fast von selbst.

In der Regel kann man die Räume der Organisation nutzen, um sich zu treffen. Mit etwas Glück kann die Gruppe auch Dienstleistungen in Anspruch nehmen, sei es, dass Telefonate angenommen werden oder die eine oder andere Büronutzung möglich ist.

Auch vom Status der Organisation kann die junge Initiative profitieren. So wird es leichter, die ersten Schritte erfolgreich zu meistern. Das sind viele gute Gründe für eine organisatorische Anbindung an eine bestehende Institution.

Allerdings sind diese Vorteile auch mit Nach-
teilen verbunden. Jede Institution hat ihr spe-
zifisches Image, grenzt damit potentielle Teilnehmer aus, die dieser Institution kritisch oder
ablehnend gegenüber stehen. Ob oder in wel-
chem Umfang solche Hindernisse bedeutsam
sein könnten, will sorgsam bedacht sein. Da
können die Vorteile der Anbindung schnell
dahin schmelzen, wenn die Negativeffekte zu
dominant werden.

Es geht natürlich auch ohne eine solche organisatorische Anbindung. Dann aber ist es
wichtig, eine vertrauensbildende Gründungs-
atmosphäre herzustellen. Der Raum wird ein
privater sein. Dabei ist es wichtig, dass diese
Adresse von Allen akzeptiert wird. Die Gast-
geberrolle kann zu ungerechtfertigter Domi-
nanz führen. Schließlich sollte der Treffpunkt
gut erreichbar sein. Das alles zusammen ist bei
privaten Treffen oft gar nicht so leicht zu rea-
lisieren. Dies alles ist aber allemal besser als die
Angliederung an eine nicht geeignete Organisation.

Wie hast Du den Nutzen der organisatorischen Anbindung erlebt?

 *Die Zusammenarbeit mit dem Quartiersmanagement Vicelinviertel war von Anfang an konstruktiv. Wir wurden in unseren Anliegen unterstützt und sind immer auf offene Ohren gestoßen. Die Grundlage der Zusammenarbeit ist sehr stabil, weil beide Seiten davon profitieren: Wir von den Dienstleistungen des Quartiersmanagements, und umgekehrt das Quartiersmanagement von unserem Erfolg. Dieser Erfolg verstärkt zum Beispiel die Außenwirkung des Quartiersmanagements.*

Im Laufe der Zeit sind enge persönliche Kontakte entstanden, so dass wir wirklich gern zusammen arbeiten.

Abgesehen davon ist diese Anbindung auch für mich persönlich entlastend. Einmal angenommen, ich möchte dieses Ehrenamt irgendwann einmal abgeben, so kann das Quartiersmanagement Überbrückungshilfe geben und bei der Suche nach einem Nachfolger helfen. Es ist ein gutes Gefühl zu wissen, dass die Existenz des Tauschringes nicht von meiner Person allein abhängt.

Wie lange hat es dann gedauert, bis Ihr den Tauschring tatsächlich gegründet habt?

Wir haben uns regelmäßig zusammen gesetzt und Stück für Stück den Grundstein für unseren Tauschring gelegt.
Dabei war meine Vorarbeit von großem Nutzen, da ich ein gutes Grundwissen hatte. Ich konnte dazu beitragen, dass das Vorhaben zielgerichtet weiter verfolgt wurde. Es gab mehrere Folgetreffen. Das Vorhaben nahm immer konkretere Formen an. Aber je klarer

19

die Formen wurden, desto weniger Leute waren wir.

Ich habe dann zu meiner Frau gesagt, also, wenn wir heute 5 Teilnehmerinnen sind und ich dazu, dann machen wir weiter, ansonsten ist das Thema durch. Es waren an diesem Treffen exakt 5 Teilnehmerinnen und ich. Also haben wir die Gründung des Tauschringes Neumünster beschlossen. Es kam dann noch ein Mann dazu. So wurde der Tauschring aus der Taufe gehoben. Insgesamt hat die Gründungsvorbereitung etwa drei Monate gedauert.

So konnte die Gruppe sich den Tauschring wirklich erarbeiten, angefangen vom Namen, der Währung und von den Feldern, auf denen wir uns bewegen wollten. Ziel war das Tauschen im Sinne von Nachbarschaftshilfe und die Pflege des sozialen Aspekts.

Wir sind ganz bewusst nicht den Weg gegangen, einen Verein zu gründen, damit alle Mitglieder der Gruppe gleichberechtigt sind. Ein Vorstand hätte da nur gestört.

Wenn man so eine Gruppe gründet, muss es eine Herzensangelegenheit sein und den Beteiligten das Gefühl geben: „Das ist unser Tauschring." Das geht nur, wenn alles von Grund auf an gemeinsam und neu durchdacht worden ist. Nichts ist schlimmer als ein fertiges Konzept am Anfang, das den Leuten dann vorgesetzt wird.

Diese Vorlaufzeit gibt der Gruppe eine hohe Anfangsstabilität. Die braucht sie, wenn zum Beispiel die vielen nicht immer spannenden Organisationsfragen diskutiert werden müssen. Vorlaufzeit braucht sie auch, um den Mitgliedern den Rückhalt zu geben, ins kalte Wasser zu springen. Wer vom Tauschring profitieren will, beschreitet unbekannte Wege, und das fällt vielen schwer. Eigene Talente Anderen zum Tausch anzubieten erfordert Mut. Vielen ist es unangenehm, die eigenen Talente anzupreisen. Das ist ein gutes Beispiel für die vielen indirekten positiven Wirkungen von Tauschringen auf ihre Mitglieder: Tauschringe bieten die Gelegenheit zu Erfahrungen über den Wert der eigenen Arbeit und der eigenen Fähigkeiten, eine Frischzellenkur für das Selbstbewusstsein.

4) DIE STARTPHASE

In dieser Phase ist es wichtig, der Gruppe einen Anfangs-zusammenhalt zu geben. Dauert sie zu lange, verliert sich das Interesse und die Gruppe zerfällt. Geht es zu schnell, fühlen sich nicht alle mitgenommen. Es erfordert ein wenig Fingerspitzengefühl, das richtige Maß zu finden. Sich der Risiken bewusst zu sein hilft Enttäuschungen zu vermeiden.

Was waren die ersten konkreten Schritte?

Als erstes haben wir uns gemeinsam einen Namen für unsere Tauschwährung ausgedacht. Wir haben uns eine Marktord-  *nung geschaffen, in der geregelt wird, wie das Zusammenspiel ablaufen soll zwischen Geben und Nehmen. Sie wurde im Laufe der Zeit mehrfach geän-*

dert, entsprechend den geänderten Anforderungen, wie sie sich im Laufe der Zeit ergeben hatten.

So kamen zum Beispiel Fragen des Datenschutzes auf die Tagesordnung. Wir haben uns Marktordnungen anderer Tauschringe und Internet-Informationen als Grundlage genommen, um diese auf unsere Belange zuzuschneiden. Das hat wunderbar funktioniert. Wir haben dann solange die Vorlagen verändert, bis sie uns gefallen haben. Alle Formulierungen sind das Ergebnis von Diskussionen und nicht von Vorgaben von mir oder von jemand Anderem.

Wenn es heute eine Änderung an der Marktordnung geben soll, wird im ersten Schritt darüber diskutiert. Dann gehen wir nach Hause und entscheiden beim nächsten Mal, ob bzw. wie wir die Ordnung tatsächlich ändern wollen. Damit garantieren wir, dass Änderungen auch wirklich Bestand haben. Erst nach dieser Bedenkzeit stimmen die Anwesenden ab. Die ersten zwei Jahre haben wir überhaupt keine Änderung der Marktordnung diskutiert. Unsere Vorbereitungsphase war also sehr effektiv.

Die erste Änderung betraf das maximale Minus auf dem Mitgliedskonto. Wir haben eine Untergrenze eingeführt, bis zu der das Konto in die Miesen gehen darf. Damit wollten wir verhindern, dass mehr Leistungen angenommen als gegeben werden. Natürlich müssen Minusbeträge möglich sein, damit die Tauschgeschäfte in Gang kommen. Wichtig aber ist, dass diese Ungleichgewichte nicht zu hoch ausschlagen. 5 Stunden im Minus und 30 Stunden im Plus waren fortan die Grenzen der maximalen Überschreitungen.

In einigen Fällen waren die Angebote so ungewöhnlich, dass es keine Nachfrage gab. Das musste sich erst einspielen und nun achten wir darauf, dass es kei-

ne zu großen Ausschläge gibt. Heute wissen wir, wie wir uns in diesen Limits bewegen können.

 Viele interessieren sich für das Tauschringkonzept, finden die Idee überzeugend und tun sich trotzdem schwer, den Schritt zum Beitritt zu wagen. Da tauchen viele Fragen auf, welche die Mitgliedschaft erschweren: Werde ich mich in der Gruppe wohlfühlen? Was soll ich zum Tausch anbieten? Was passiert, wenn niemand auf mein Angebot eingeht? Um diese Eintrittsbarriere zu überwinden, hat sich der Tauschring Neumünster eine so einfache wie wirkungsvolle Lösung einfallen lassen, eine Art Probemitgliedschaft ohne Verpflichtung zur aktiven Beteiligung.

Was ist das für eine Idee mit der Mitgliedschaft auf Probe?

Als sich die Gruppe zu-  *sammen gefunden hatte, haben wir uns überlegt, wie wir wachsen können. Wir sind immer wieder auf Interessierte gestoßen, die vom Konzept überzeugt werden konnten und trotzdem nicht beigetreten sind.*

Da haben wir die Probemitgliedschaft eingeführt: Mit einer einmaligen Zahlung von 3 Euro kann man dem Tauschring für drei Monate beitreten. Die neuen Interessenten können auf den Treffen ihre Fragen stellen, hören Berichte über Tauscherfahrungen und darüber, was die Gruppe gemeinsam unternimmt. So lernen die Interessenten die Mitglieder kennen und entscheiden am Ende der drei Monate, ob sie dabei bleiben wollen oder nicht. Zahlen sie weiterhin einen Euro pro Monat, sind sie dabei, ansonsten ist die Mitg-

liedschaft nach drei Monaten automatisch beendet.

Einfacher geht es nicht und das funktioniert sehr gut. Manche dieser Interessierten sind schon lange dabei und tauschen immer noch nicht. Sie genießen die sozialen Kontakte, das Aufgehoben sein in der Gruppe, die gemeinsamen Unternehmungen und lassen sich viel Zeit mit ihrer Entscheidung der aktiven Beteiligung.

Andere sind sich nach den drei Monaten sicher: Sie wollen tauschen. Und hin und wieder verabschiedet sich jemand aus dem Tauschringprojekt. Aber das ist die Ausnahme.

Diese Offenheit nach außen ist uns sehr wichtig. Wir wollen soziale Kontakte im Stadtteil fördern und wir erleben, wie die Probemitgliedschaft diesen Prozess befördert.

Es ist im übrigen gut für uns alle. Auch die Gruppe erlebt diese neuen Mitglieder als Bereicherung. Das regelmäßige

Zusammentreffen und die gemeinsamen Unternehmungen sind uns mindestens ebenso wichtig.

Wer sich für einen Tauschring interessiert, stellt sich zumeist als erstes eine Gewissensfrage: Was kann ich überhaupt? Manchen fällt das leicht, sie haben berufliche Kenntnisse und Fähigkeiten, wissen um ihr Können und die Grenzen. Mit Hobbies wird es schon schwieriger: Ist Fotografieren ein Tauschtalent? Sind meine Fotos wirklich so gut, dass ich sie als Tauschleistung anbieten kann? Und wer gibt mir darauf eine klare Antwort?

Oder ein anderes Beispiel: Rasenmähen kann jeder. Wie soll ich mich damit profilieren? Naja, so ganz stimmt das nicht. Es könnte zum Beispiel sein, dass Sie zu nichts weniger Lust haben als zum Rasenmähen. Da käme die Möglichkeit einer attraktiven Tauschtätigkeit für Sie gerade recht.

Oder es geht Ihnen nicht gut. Die körperliche Belastung macht Ihnen zu schaffen. Dafür können Sie Ihre Tauschleistung am Schreibtisch anbieten: Als Korrespondent für Behördenbriefe zum Beispiel.

Das ist ein weites Feld und gerade für Neueinsteiger oft mit Unsicherheiten verbunden.

Was macht Ihr, wenn Mitglieder sich nicht am Tauschgeschäft beteiligen?

 *Ganz einfach gesagt: Wir warten. Wir haben Mitglieder, die sind schon ein ganzes Jahr dabei, kommen regelmäßig zu den Treffen, beteiligen sich an den Diskussionen um die Organisation, sind mit anderen Worten voll dabei. Aber tauschen tun sie nicht.*

Wir bedrängen sie nicht und freuen uns über ihr Interesse.

Das betrachtet auch die Gruppe selbst als völlig unproblematisch. Wir haben eben alle ein Doppelinteresse, das Interesse am Tauschen und das Interesse an der Gemeinschaft.

Und wir alle freuen uns, wenn wir sehen, wie Menschen aufeinander zugehen, die sich vorher nicht kannten. Tauschen oder nicht, das ist dann Nebensache.

Aber natürlich freuen wir uns besonders, wenn sich aus diesem Kreis jemand traut, ein Tauschangebot zu machen. Wir sehen das als großen Schritt und sind stolz, wenn die Gruppe erfolgreich zu diesem Schritt ermuntert. Nur –wie gesagt – wir fordern das nicht. Druck auf diese Mitglieder auszuüben, würden sie damit beantworten, dass sie nicht mehr zu uns kommen. Und das wollen wir nicht.

Die Mitgliedschaft auf Probe und der Verzicht auf Tauschzwang erweisen sich in mehrfacher Hinsicht als äußerst wirksam. Es werden Schwellen herabgesetzt und zugleich neue Zugänge ermöglicht.

Wie gewinnt ihr prominente Unterstützung?

Manchmal sprechen wir mit Prominenten unserer Stadt. Wir spüren viel Sympathie und Aufgeschlossenheit. Das geht durch alle politischen Richtungen. Es wäre eine Illusion, Prominente als Tauschpartner gewinnen zu wollen. Trotzdem können sie das Anliegen unterstützen. Und das geht ganz einfach: Sie geben uns zum Beispiel 12 Euro, mit denen sie für ein Jahr Fördermitglieder sind. Nach einem Jahr ist die Mitgliedschaft automatisch beendet. Und wir

hatten ein Jahr lang ein prominentes Fördermitglied in unseren Reihen. Das ist gut für unsere Eigenwahrnehmung, denn es bestärkt uns in unserem Handeln. Und es wirkt positiv nach außen, indem es unserem Image hilft.

Manche Lösungen sind ganz einfach, man muss nur drauf kommen. Dies ist so eine Lösung.

Tauschringe schreiben sehr unterschiedliche Geschichten. Manche schreiben Erfolgsgeschichten, andere haben nur ein kurzes Leben. Es macht Sinn, den Gründen für Erfolg, aber auch denen für das Scheitern nachzuspüren. Eine zentrale Bedeutung hat dabei der Führungsstil. Tauschringe sind sensible Gebilde. Teilnehmer kommen aus freien Stücken, und wenn ihnen etwas nicht gefällt, bleiben sie sehr schnell wieder zu Hause. Sie wollen sich wohl fühlen, keinen Streit erleben und kein Gerangel um die Macht. Das geht am besten mit partnerschaftlichen Umgangsformen: Wir begegnen einander auf Augenhöhe.

Wie habt Ihr die Leitung des Tauschringes organisiert?

Das hat sich historisch so ergeben. Das Quartiermanagement hatte die Idee und ich brachte mein Wissen um die Tauschringe mit. Dadurch ergab sich automatisch eine zentrale Rolle für mich. Ich war Ansprechpartner, habe mich schlau gemacht, Kontakte geknüpft, also alles das, was so anfällt, wenn man eine neue Idee umsetzen möchte.

Und dann hat sich ein Kreis gebildet, der mit der Zeit gewachsen ist. Ich war so etwas wie der Motor, habe dafür gesorgt, dass die Initiative aktiv bleibt, dass die Menschen sich kennen lernen und erste Bindungen entstehen.

Mir war von Anfang an wichtig, dass niemand übergangen oder überstimmt wird. Leitung kann eingrenzen, aber sie kann auch ermuntern. Dafür braucht es kooperativen Umgangsformen, einen Stil, in dem die Mitglieder als Partner gesehen werden. Es ist ja kein Zufall, dass ich meine Funktion als Koordinator sehe und nicht als Leiter. Das macht für mich einen großen Unterschied. In der Rolle des Koordinators fühle ich mich sehr viel wohler als in der eines Leiters.

Gemeinschaftsprojekte brauchen verlässliche Strukturen, und dafür gibt es einen einfachen Grundsatz: Führung muss partnerschaftlich sein und darf nicht erdrücken.

Der Tauschring Neumünster hat diese Fragen von der ersten Stunde an sehr ernst genommen. Ein Anzeichen dafür ist schon die Benennung der Führungsrolle mit dem Attribut „Koordinator". Der Koordinator ordnet nicht an, das verträgt sich nicht mit seinem Status. Er verbindet, führt zusammen, erhält am Leben und unterstützt die künftige Entwicklung. Er greift Impulse auf und vermeidet Konkurrenzsituationen. Die partnerschaftliche Alternative zu Konkurrenz ist Integration, das Zusammenführen von Ideen, Anregungen, Kritik.

Wer sich auf die Rolle als Koordinator einlässt, wird nach einiger Zeit spüren, dass diese Rolle Spaß macht. Die Gründe sind einfach: Die Mitglieder danken es mit Offenheit und Bereitschaft zum aktiven Engagement. Die Distanz zwischen Führung und Mitgliedschaft ist zudem sehr gering. Das dient außer der persönlichen Zufriedenheit natürlich ebenso sehr dem Zusammenhalt der Gruppe.

Welche Aufgaben hast du in der Gruppe?

 *Natürlich übernehme ich Organisationsaufgaben, kümmere mich darum, dass alles rund läuft und dass der Tauschring wächst. Aber das ist Nebensache. Das Besondere ist vielleicht, dass ich ganz einfach dazu gehöre. Ich komme nicht von außen, um eine Mission auszuführen. Ich bin mitten drin, ein Teil der Gruppe. Das ist sehr wichtig für den Zusammenhalt.*

Es gibt viele Tauschringprojekte, die gewissermaßen von außen gesteuert werden, sei es von Verantwortlichen eines Verbandes, von kirchlichen Organisationen oder von Einzelpersonen, die soziales Engagement für Andere treibt. Dabei entsteht meist eine Zweiteilung, die Leitung auf der einen Seite und die Gruppe auf der andere. Das haben wir nicht, und es hilft uns sehr,

dass wir eine Einheit als Gruppe dar-
stellen.

5) KLEINE CHRONIK DER ERSTEN JAHRE

Dieses Kapitel befasst sich mit dem Werden des Tauschringes. Nach der etwas kopflastigen Planungsphase, in der sehr vieles bedacht und entwickelt werden musste, trat der Tauschring mit seiner offiziellen Gründung ein in die Praxisphase. Jetzt war der Tauschring zum Leben erwacht. Das bedeutet nicht, dass von nun an alles von selbst lief, ganz im Gegenteil. Das Neue war das praktische Tun, und das gab allen Beteiligten neue Energien.

Was waren Eure ersten Schritte in das wirkliche Tauschringleben?
Der erste Schritt war zunächst sehr unspektakulär. Wie schon so oft in der Planungsphase haben wir uns zusammengesetzt und

bei Kaffee und Kuchen über die ersten konkreten Schritte nachgedacht.

Uns war klar: Das Wichtigste zu dieser Zeit sind neue Mitglieder. Also haben wir die örtliche Presse eingeladen, auch selbst eine Pressemitteilung verfasst, und kurze Zeit später konnte man über uns in der Lokalzeitung lesen. Von jetzt ab wurden wir auch öffentlich wahrgenommen, ein großer Schritt nach vorn.

Wichtig war jetzt, im Gespräch zu blei-
ben. Also haben wir gemeinsam über-
legt, wie wir das erreichen können. Die
erste Aktion war ein Grillnachmittag
im Bürgergarten. Mitglieder brachten
ihre Freunde und Bekannten mit, ein
paar Neugierige kamen hinzu und so
wurde daraus ein stimmungsvoller und
anregender Nachmittag.

Doch eine Aktion allein genügt nicht.
Also haben wir uns wieder zusammen-

gesetzt und über mögliche weitere Aktionen nachgedacht. Da kam die Idee auf, einen Staudentauschtag zu veranstalten.

Wir haben Plakate gedruckt und an die Geschäfte verteilt, über die Presse auf die Veranstaltung hingewiesen und wegen des zu erwartenden Andranges viele, viele Kuchen gebacken.

Am Staudentauschtag haben wir dann die Straße hinauf- und zur anderen Seite hinuntergeblickt. Keine Spur von anstürmenden Staudentauschern. Wir waren – so die bittere Erkenntnis – weitgehend unter uns.

Nie zuvor und nie danach haben wir mit soviel Aufwand eine Veranstaltung für uns allein organisiert. Den vielen Kuchen tauschten die Mitglieder untereinander. So wurde daraus am Ende ein Kuchentauschfest. Und für die Stauden hieß es am nächsten Tag: „Zurück ins Beet!"

Ein solcher Rückschlag ist auch eine Lehre. Heute können wir darüber schmunzeln, doch direkt danach waren wir sehr entmutigt.

Am Ende des Jahres konnten wir zufrieden feststellen, dass aus den 6 Gründungsmitgliedern inzwischen 15 Tauschringmitglieder geworden waren.

Hat sich der Aufwärtstrend im zweiten Jahr fortgesetzt?

Eine gute Frage. In der Tat haben uns die Erfahrungen des ersten Jahres sehr optimistisch gemacht. Wir waren guter Dinge und voller Tatendrang.

Es wurde wieder ein Staudentauschtag geplant und zusätzlich haben wir einen Bücherbazar organisiert. Wir haben auch dieses Mal viel Arbeit und Energie in die Vorbereitung gesteckt. Es gelang uns damit aber nicht neue Mitglieder zu aktivieren. Wir traten auf der Stelle.

War der ganze Aufwand umsonst? Hatten wir die viele Energie vergeblich aufgebracht? Es machte sich Resignation breit. Die Auflösung wurde schon vorsichtig angedacht: Noch einmal zusammen ein schönes Fest veranstalten und dann geht jeder wieder eigene Wege.

Nun ist der Tauschring ja immer noch da. Wie kam es dazu?

 *Am Anfang des dritten Jahres gab es in Neumünster eine Ehrenamtsmesse. Wir haben die Chance ergriffen, vielleicht ein letztes Mal auf uns aufmerksam zu machen und die Werbetrommel zu rühren. Die Messe war ein voller Erfolg: Großes Interesse, viele Gespräche und am Ende des Tages zehn neue Tauschringmitglieder. Das gab uns unsere alte Schaffenskraft zurück. Jetzt waren wir froh, dass wir uns nicht kurz vorher aufgelöst hatten. Manchmal ist es ganz gut, ein wenig zu warten, bevor eine große Entscheidung gefällt wird.*

Kurz nach der Messe feierten wir unsere Jahresfeier, und so kamen diesmal rund 30 Mitglieder zusammen. Es war ein richtig großes Fest. In den ersten beiden Jahren gab es ein Grünkohlessen. Doch mit so vielen Teilnehmern ließ sich das

ehrenamtlich nicht mehr organisieren. Also gab es Würstchen, verschiedene Sorten Fleisch und die unterschiedlichsten Varianten von Kartoffelsalat. Jeder hatte etwas mitgebracht zu diesem Buffet. Alle waren begeistert und so stand unser Festmenü für die kommenden Jahre von nun ab fest.

Wir alle gemeinsam haben dabei die Erfahrung gemacht, dass so eine große Veranstaltung gut zu organisieren ist,

wenn sich alle daran beteiligen. Diese Art zu feiern war für viele unserer Teilnehmer zunächst völlig fremd. Heute möchten sie diese Geselligkeit nicht mehr missen.

Unsere Gruppe wuchs und es kam der Wunsch nach gemeinsamen weiteren Unternehmungen auf.. Wir beschlossen, einmal im Jahr einen Ausflug mit Picknick zu veranstalten.

Unser erster Jahresausflug führte uns in das Arboretum in Ellerhoop.

Ging es weiter mit dem Auf und Ab?

Zum Glück nicht. Unser Fahrwasser ist sehr viel ruhiger geworden, und das ist auch gut so. So können wir uns konzentriert und ohne allzu große Unwägbarkeiten darum kümmern, die Gruppe kontinuierlich zu vergrößern. Im vierten Jahr unseres Bestehens gab es wieder eine Ehrenamtsmesse.

Wir haben uns gut präsentiert. Der Erfolg blieb nicht aus. An unserem Stand war immer etwas los: Viele neue Mitglieder, gute Gespräche und großes Interesse an unserem Tauschring. Es hat uns allen Spaß gemacht und uns für unseren Einsatz belohnt - ein tolles Gefühl.

Wir planten auch für dieses Jahr einige Aktivitäten wie zum Beispiel: Einen Ausflug zum botanischen Garten nach Kiel. Wieder wurde ein Picknick veranstaltet.

Im September fand unser fünfter Staudentauschtag statt

und im Dezember trafen wir uns in einer fröhlichen Runde zum Nikolauskaffee.

*Wir blickten auf ein erfolgreiches Jahr
für den Tauschring zurück.*

Fünf Jahre Tauschringchronik
und kein Wort über das Kernan-
liegen, die Tauschhandlungen –
das will erläutert werden.

Natürlich kennzeichnen die ersten fünf Jahre
des Tauschringes in erster Linie Tauschringak-
tivitäten. Zeit gegen Zeit zu tauschen ist das

Hauptanliegen und das mit wachsendem Erfolg.

Damit das Tauschhandeln in Gang kommt, müssen die Bedingungen stimmen. Erst wenn sich die Mitglieder wohl fühlen, Vertrauen aufgebaut haben, werden sie das Tauschgeschäft aufnehmen.

Dazu ist es wichtig, dass sie sich gegenseitig kennen lernen. Und genau dafür sind Gemeinschaftsunternehmen so wichtig. Zu unterschiedlichen Anlässen kommen die Mitglieder zusammen, beteiligen sich aktiv an den Vorbereitungen, genießen die Vorzüge gemeinsamer und damit geteilter Verantwortung. Diese Veranstaltungen ragen aus dem Alltag heraus, bilden Höhepunkte und schaffen Erinnerungen.

Im Laufe der Zeit bildet sich Verlässlichkeit heraus, eine wichtige Voraussetzung für die Entstehung von Vertrauen.

Das sind zugleich die Grundlagen für Tauschaktivitäten. So lässt sich Mut fassen, Angebote zu machen und ebenso, Angebote anzunehmen.

Jedes Mitglied entscheidet für sich allein, wann es in die Tauschaktivitäten einsteigt. Der Zeitpunkt ist individuell sehr unterschiedlich. Im

Tauschring Neumünster nimmt sich jeder die Zeit, die er braucht. Niemand wird bedrängt, niemand ausgeschlossen. Bei den monatlichen Tauschringtreffen geht es selbstverständlich in der Hauptsache um das Tauschen. Die Nutzung der Tauschaktivitäten ist dennoch frei. Das schafft die nötige Ungezwungenheit in der Gruppe. Dieser Weg hat sich bewährt. Die Gruppe ist stabil, wächst stetig und Tauschhandlungen nehmen zu – langsam, aber kontinuierlich.

Das Tauschen muss erst gelernt werden. Und wie jedes andere Lernen ist auch das ein Wechselspiel von Versuch und Wiederholung, Wagnis und Rückzug, Erfolg und Scheitern, Erfüllung und Enttäuschung. Geduld und passender Rahmen sorgen dafür, dass positive Erfahrungen dominieren.

6) HÄUFIG GESTELLTE FRAGEN

Kann Tauschen als Schwarzarbeit verurteilt werden?

 *Dieses Thema kommt jedes Jahr einmal auf den Tisch. Meistens fragen mich die Mitglieder: „Was sollen wir sagen, wenn wir auf der Ehrenamtsmesse angesprochen werden?" Oder jemand kommt zum Info-Abend und fragt nach dem Umgang mit Schwarzarbeit.*

Zunächst etwas Grundsätzliches: Solange kein Geld fließt und sich das Tauschen im Rahmen der Nachbarschafthilfe bewegt, ist es keine Schwarzarbeit! Es sind Tausende von Häusern in Nachbarschaftshilfe erbaut worden und kein Mensch hat von Schwarzarbeit gesprochen, sondern es wurde diese Leistung sogar gewürdigt.

Ich bringe gerne das folgende Beispiel:

Ein ALGII-Empfänger benötigt eine neue Steckdose. Der ALGII-Empfänger kann eine Rechnung von 20 Euro Anfahrt plus 20 Euro Arbeit und 5 Euro für die Steckdose nicht bezahlen.

Die Arbeit wird nicht vergeben, also kann kein Unternehmen einen Verlust erleiden.

Also funktioniert es nach Tauschringart: Dort findet er einen Tauschpartner, löst sein Problem und gleicht es mit eigener Arbeit aus.

Im Internet gibt es an verschiedenen Stellen Hinweise auf Ausnahmen bezüglich Schwarzarbeit. Hier ein Auszug:

„Schwarzarbeit liegt nicht vor bei nicht nachhaltig auf Gewinn gerichtete Dienst- oder Werkleistungen, die

1. von Angehörigen im Sinne des § 15 der Abgabenordnung oder Lebenspartnern,

2. aus Gefälligkeit,

3. im Wege der Nachbarschaftshilfe oder

4. im Wege der Selbsthilfe im Sinne des § 36 Abs. 2 und 4 des zweiten Wohnungsbaugesetzes in der Fassung der Bekanntmachung vom 19. August 1994 (BGBl. I S. 2137) oder als Selbsthilfe im Sinne des § 12 Abs. 1 Satz 2 des Wohnraumförderungsgesetzes vom 13. September 2001 (BGBl. I S. 2376), zuletzt geändert durch Artikel 24 des Gesetzes vom 27. Dezember 2003 (BGBl. I S. 3022) erbracht werden."

Müssen Tauschringaktivitäten als Einkommen versteuert werden?

Wenn das Tauschvolumen eines Mitgliedes einen Umfang erreicht, bei dem sich vermuten lässt, es bestreitet vom Tauschen seinen Lebensunterhalt, dann wird das Tauschringmitglied steuerpflichtig. Sie können sicher sein, das Finanzamt vermutet gerne! Seien Sie also in Ihrer Buchhaltung der Tauschkonten penibel und sorgen Sie für Transparenz. Sie sollten einen Hinweis bezüglich der Eigenverantwortung der Mitglieder für ihre Steuern in Ihre Marktordnung aufnehmen.

Wie funktionieren Regionalwährungen?

 *Es soll hier keine Abhandlung über Regionalgeld stattfinden. Aber ich möchte darauf hinweisen, dass Regionalgeld einem Verfall unterliegt. Was heißt das: Sie kaufen oder erhalten im Januar zum Beispiel 10 Regio-Taler. Je nach Regiogeld-Bedingungen verliert dieser Betrag im Laufe der Zeit einen Teil seines Wertes. Zum Beispiel 5% pro Monat. Im Februar sind Ihre 10 Regio-Taler nur noch 9,50 Regio-Taler wert. Im März dann wieder etwas weniger.*

Das ganze soll zu einem schnellen Durchsatz der Währung führen. Dieser Umstand ist in Ordnung, wenn es genügend Möglichkeiten für den Tausch gibt. Mein Tipp, machen Sie sich im Internet schlau, welche Regionalwährung zu welchen Konditionen in Ihrer Umgebung angeboten wird.

Hier in Schleswig-Holstein gibt es das Regionalgeld „Kann-was" (kann-was.mycontent. org). Eine der größten Regionalwährungen ist der Chiemgauer (www.chiemgauer.info). Ein Besuch der Homepage lohnt sich in jedem Fall. Auf der Internetseite www.regios.eu/regiogeld finden Sie ein Video, in dem das Regionalgeld und seine Funktionsweise erklärt wird.

7) WAS BRAUCHT EIN TAUSCHRING?

a) Planungsphase

Soll es ein Verein werden?

- Ein Notar wird benötigt, außerdem eine Vereinssatzung, die nach Möglichkeit die Gemeinnützigkeit gewährleistet.
- Es sind formale Regeln einzuhalten.
- Es braucht einen Vorstand, Beisitzer, Revisoren.
- Protokollzwang
- Der Eintrag ins Vereinsregister kostet Geld.

Oder eine informelle Initiative:

- Alle Mitglieder sind gleichberechtigt.
- Alle Angelegenheiten werden in der Gemeinschaft aller Mitglieder geregelt.

b) Gründungsphase

Marktordnung

- Die Marktordnung sollte von den Tauschring-Mitgliedern selbst erarbeitet werden. So ist die Akzeptanz durch die Mitglieder gewährleistet.
- In der Marktordnung befinden sich die Limits, also Maximal und Minimalwerte der Tauschaktionen.
- Regeln, die den Umgang zwischen den Tauschring-Mitgliedern vorgeben.
- Hinweise zum Datenschutz.

Marktzeitung

- In der Zeitung können die Angebote und Nachfrage der Mitglieder in Form von Annoncen aufgegeben werden. Die Anzeigen sind oft kostenlos.
- In der Marktzeitung können auch kleine Artikel zur Außendarstellung eingestellt werden.
- Hinweise auf Veranstaltungen des Tauschrings.

- Anzeigen von Sponsoren.
- Kann bei verschiedenen Organisationen ausgelegt werden.

Monatsbeitrag

- Ganz ohne Geld kann ein Tauschring nicht arbeiten.
- Der Beitrag sollte sozial verträglich gestaltet werden.
- Das Geld wird für Kosten der Homepage, der Marktzeitung, für die Raummiete etc. gebraucht.

Tauschring-Treffen

- Der Tauschring sollte sich mindestens einmal im Monat treffen.
- Das Treffen dient nicht nur der Verwaltung sondern dient auch dem Kennenlernen und schafft Vertrauen.
- Die Teilnahme sollte nicht zwingend sein, aber sie ist aus den geschilderten Gründen gern gesehen.

Buchhaltung

- Die Mitgliederliste muss gepflegt werden,

- Konten angelegt und verwaltet werden,

- die Kasse (Mitgliederbeiträge, Spenden und Ausgaben) sorgfältig geführt werden.

Leichter Eintritt & leichter Austritt

- Der Tauschring Neumünster bietet den Eintritt auf Probe an. Sie zahlen den Beitrag für drei Monate und sind ab sofort mit allen Rechten und Pflichten dabei. Nach dieser Zeit entscheiden Sie sich endgültig. Um Kosten zu sparen bekommt das neue Mitglied erst nach diesem viertel Jahr seinen Ausweis.

- Für alle Mitglieder endet die Mitgliedschaft, wenn die Monatsbeiträge nicht mehr gezahlt werden und sich die Mitglieder ein halbes Jahr nicht melden. Eine Frist von 6 Monaten soll verhindern, dass jemand ausgeschlossen wird, weil er vergessen hat, den Beitrag zu zahlen oder weil persönliche Umstände dazu geführt haben.

c) Praxisphase

Gemeinsame Unternehmungen (Sie fördern den Zusammenhalt)
- Ein jährlicher Ausflug.
  - Der Besuch einer Messe oder Ausstellung.
  - Ein Ausflugsziel mit der Möglichkeit für ein Picknick
- Ein gemeinsamer Nachmittag bei Kaffee & Kuchen zum Kennenlernen.
- Ein Spieleabend.
- Ein interner Tauschtag für: Bücher, Tupperware, Weihnachtsschmuck usw.

Aufgabenteilung
- Vermeiden Sie Extreme: Einer tut alles oder alle machen, was sie wollen.

- Geteilte Verantwortung fördert den Zusammenhalt, erhöht die Stabilität, ermuntert zu aktiver Mitgestaltung.
- Typische Aufgaben sind:
  - Koordination
  - Mitgliederverwaltung
  - Sponsoring
  - Öffentlichkeitsarbeit

Organisationsaufwendungen

- Entsprechend der Marktordnung kann für die anfallende Arbeit (Sprecher, Buchhaltung, Öffentlichkeitsarbeit) ein Betrag in der Tauschringwährung auf die Mitglieder umgelegt werden. Dieser Betrag wird dann den ehrenamtlichen Helfern gutgeschrieben.

Öffentlichkeitsarbeit

- Erstellen von Pressemitteilungen.
- Kontakte zur Tagespresse und kostenlosen Anzeigenblättern.
- Denkbar sind auch werbende Veranstaltungen: Zum Beispiel in der Volkshochschule ein Vortrag zum Thema Tausch-

ringe oder eine Veranstaltungsreihe zum Thema Selbsthilfe/Selbstverantwortung.

Flyer

- Der Flyer ist ganz wichtig für die Außendarstellung. Er sollte unter Mitbeteiligung aller Mitglieder erstellt werden.
- Ein Blankofeld kann für aktuelle Anlässe unterschiedlich genutzt werden, zum Beispiel mit aktuellen Aufklebern für wechselnde Adressen oder Telefonnummern.

Plakate für Veranstaltungen

- wie zum Beispiel Ehrenamtsmessen, Schulfeste oder Flohmärkte.

Visitenkarte

- Eine Visitenkarte fürs Portemonnaie. Adress- und Telefonnummer des Tauschrings ist immer schnell zur Hand.

Mitgliederausweis

- Mit zunehmender Größe des Tauschringes kann es sinnvoll werden, dass die

Tauschringmitglieder Ausweise mit Bild und Mitgliedsnummern bekommen.

- Ein Namensschild stärkt das Wir-Gefühl auf Veranstaltungen und erleichtert die Kontaktaufnahme.

Schirmherr-In

- Kann Ihrer Initiative nützlich sein.
- Wer kommt in Frage: Der Bürgermeister, Stadtpräsident oder bekannte Persönlichkeiten.

Ideenliste

- Der erste Satz eines zukünftigen Mitglieds ist in aller Regel: "Ich weiß gar nicht, was ich anbieten soll." Für diesen Fall ist es hilfreich, eine kleine Liste mit möglichen Angeboten zu erstellen.

Außentausch

- Es gibt seit einigen Jahren die Möglichkeit auch über externe Tauschbörsen zu tauschen. Zum Beispiel: Vesta (www.tauschringe.info/vesta/) RTR (www.tauschen-ohne-geld.de)

- Eine Empfehlung: Für den Anfang erst den eigenen Tauschring zum Laufen bringen. Dann Kontakt mit anderen Tauschringen aufnehmen, um zu hören, wie dieses überregionale Tauschen funktioniert.

Sponsoring

- Sponsoren erweitern die Möglichkeiten. Sie können zudem das Ansehen des Tauschringes befördern.
- Hier erweist es sich als Vorteil, wenn der Tauschring die Zusammenarbeit mit einer Organisation sucht, welche Spendenbescheinigungen ausstellen kann.

d) Nützliche Infos

Homepage

- Die Kosten für das Hosting einer Homepage sind mit ca. 20 Euro im Jahr einzuplanen.
- Für die einfache Erstellung einer Homepage gibt es kostenlose CMS (Content Management Systeme).
- Hier sei nur das Programm „Joomla" angeführt. Informationen bei: **www.joomla.de**.

Alternative Währungen

- Man spricht auch von Regionalgeld.
- Zum Beispiel: Der Chiemgauer. Es werden im Jahr circa 250.000 Umsatz gemacht. Informationen unter: www.chiemgauer.info.
- In Schleswig-Holstein gibt es den „KannWas". Weitere Informationen finden Sie im Internet unter: www.kannwas.org.

Was NICHT gebraucht wird:

- Mitglieder, die das Prinzip von Geben und Nehmen einseitig für sich auslegen. Das führt früher oder später zu Unruhe und schwächt den Tauschring.
- Ebenso wenig ist der Tauschring ein Forum für kommerzielle Interessen.

8) TAUSCHRING-PHILOSOPHIE

Tauschringe teilen die gleichen Probleme wie andere Gruppen auch. Manche gute Idee scheitert an der Umsetzung, weil die Gruppe sich anders verhält als vorhergesehen. Erfahrungen im Umgang mit Gruppen sind nun mal keine Selbstverständlichkeit. Da macht es Sinn, sich vorher Gedanken zu machen. Ein paar Stichworte, der Einfachheit halber alphabetisch geordnet, finden Sie hier zur Unterstützung. Versuchen Sie, daraus Anregungen aufzugreifen, die zu Ihnen passen, die Ihnen sympathisch sind und Ihnen wichtig erscheinen. Dann sind Sie der erfolgreichen Umsetzung Ihres Vorhabens mit Sicherheit ein Stück näher gekommen.

Autorität:

Eine Gruppe braucht Regeln um zu funktionieren. Regeln können vorgegeben oder in der Gruppe vereinbart werden. Sie nützen natürlich nur dann,

wenn sie eingehalten werden. Erstre-
benswert ist es, wenn die Gruppe gemeinschaftlich für die Einhaltung von
Regeln sorgt. Das aber muss die Gruppe wollen und sie muss es auch können.
Vielen Gruppenmitgliedern ist es sicher
lieber, wenn sie sich um diese Probleme
nicht kümmern müssen. Solche Prozes-
se der Selbstkontrolle können zudem
Spannungen aufbauen, unter denen
dann die Gruppenaktivitäten leiden.
Daher werden die meisten Gruppen
dankbar eine Autorität akzeptieren, der
sie diese Aufgabe übertragen können.

Entscheidend für den Erfolg ist, wie
diese Aufgabe wahrgenommen wird.
Lässt sich die Gruppe zu viel Führung
aus der Hand nehmen, kann es leicht
passieren, dass die Begeisterung ab-
nimmt und sich Unzufriedenheit breit
macht.

Ehrenamt:
Tauschen und ehrenamtliches Engagement haben gemeinsam: Es wird Zeit
gegeben. Im Ehrenamt wird Zeit ge-

spendet, im Tauschring gegen Zeit ge-
tauscht. Was aber ist die „Gegenleistung" im Ehrenamt. Gibt es überhaupt
eine Gegenleistung? Mehr dazu im
Buch: Bernd Wulf: pro Ehrenamt,
books on demand 2008.

Engagement:

Engagement kommt nicht von allein.
Sich für ein Anliegen zu begeistern ist
immer mit Erwartungen verbunden.
Werden die Erwartungen auf Dauer
nicht erfüllt, versiegt das Engagement.
Darum ist es sehr sinnvoll, wenn die
Gruppenmitglieder ihre Erwartungen
äußern. Das sollte sehr früh geschehen
und hin und wieder erneut angespro-
chen werden.
Das vermeidet Enttäuschungen und
stärkt den Zusammenhalt in der Gruppe.

Fairness:

Tauschringe leben von einem Wechselspiel von Geben und Nehmen. Im Laufe der Zeit wird das Tauschen zur

Selbstverständlichkeit. Besonders am Anfang aber braucht es klare Regeln. Sie beugen Enttäuschungen vor und schaffen Vertrauen.

Frust:

Gruppen haben Launen. Es ist wie im wirklichen Leben. Mitunter werden Gruppen sogar zickig. Sie werden Ihre Ideen nicht mehr los, fühlen sich nicht ernst genommen.

Erste Frust-Signale spüren Sie, wenn Sie keine Lust haben, an Gruppenaktivitäten teilzunehmen. Sie sollten Ihre Unlust ansprechen. Vielleicht geht es Anderen genau so. Dann werden Sie auch gemeinsame Lösungen finden.

Wenn Sie mit Ihrem Frust allein stehen, haben Sie ein Problem. Wenn Sie nicht zurückstecken möchten, sollten Sie etwas Geduld aufbringen. Vielleicht nehmen Sie Unzufriedenheit einfach nur früher wahr als Andere.

Bleibt die Unlust und bleiben Sie damit allein, wird sich früher oder später für

Sie die Frage stellen, ob Sie der Gruppe weiterhin angehören möchten.

Gemeinsamkeit:

Gemeinsamkeit entsteht durch Teilen und Mitteilen. Das Teilen von Aufgaben entlastet den Einzelnen und erzeugt Kommunikation in der Gruppe. Es bilden sich Verantwortungsgemeinschaften. Sie bewirken sozialen Zusammenhalt und fördern die Stabilität der Gruppe nach innen ebenso wie nach außen.

Gruppe:

Gruppen werden von Bindungskräften zusammen gehalten. Die Stabilität dieser Bindungskräfte ist Voraussetzung der Stabilität der Gruppe selbst. Bindungskräfte bilden sich heraus durch den inneren Zusammenhalt der Gruppe ebenso wie durch Aktivitäten nach außen. Im besten Fall findet beides statt.

Konflikte:

Es ist normal und auf Dauer unvermeidlich für eine Gruppe, dass Konflikte die Stimmung beeinträchtigen. Doch wie gehen Sie mit Konflikten um?

Sie haben drei Möglichkeiten:

1. Sie ziehen sich zurück und verlassen die Gruppe. Bevor Sie sich dazu entscheiden, sollten Sie allerdings versuchen, den Konflikt zu lösen oder zumindest die Spannungen zu mindern.

2. Sie packen den Stier bei den Hörnern und mischen sich nach Kräften ein. Sie sprechen an, was Ihrer Meinung nach die Atmosphäre stört und drängen auf Veränderung.

3. Sie möchten gern in der Gruppe bleiben, haben aber keine Energie oder einfach keine Lust, Konflikte anzusprechen. Sie stellen fest, dass Sie am Ende trotz der Spannungen gern in der Gruppe sind und entscheiden sich zunächst einmal abzuwarten.

Sie haben die Wahl. Entscheiden Sie sich unvoreingenommen. Alle drei Varianten haben ihre gute Berechtigung.

Sie können also nichts falsch machen, sondern müssen nur herausfinden, welche der Varianten für Sie im Moment die beste Lösung darstellt.

Partizipation:

Viele Menschen haben wenig Erfahrungen mit dem Verhalten in Gruppen. Sie warten erst einmal ab, wie sich die Gruppe darstellt. Andere nutzen dieses Zögern als Chance zur persönlichen Profilierung. Beides ist nicht wirklich optimal für Gruppenprozesse. Es macht daher viel Sinn, Möglichkeiten zu aktiver Beteiligung für Alle anzubieten. Mit ein wenig Geduld stellen sich die Erfolge dann fast von selbst ein.

Selbsthilfe:

Probleme lassen sich lösen, indem andere zu Hilfe gebeten werden oder eigene Initiativen ergriffen werden. Staatliche Hilfen stoßen schon seit geraumer Zeit an Grenzen der Belastbarkeit, so dass Selbsthilfe als zusätzliches Instrument von Problembewältigungen schon deshalb unverzichtbar geworden ist.

Doch Selbsthilfe ist mehr als Notlösung oder zweite Wahl. Sie kann ebenso Ausdruck von Selbstverwirklichung sein und damit das Selbstvertrauen stärken und so persönliche Handlungsmöglichkeiten erweitern.

Verantwortung:

Verantwortung hat zwei Seiten. Auf der einen Seite Status und Macht, auf der anderen Seite Last und Verpflichtung. Verantwortung zu teilen bedeutet Entlastung ohne Statusverlust. Die Entlastung erfolgt durch Aufgabenverteilung auf viele Schultern, Status bildet sich neu heraus durch kompetentes Verhalten innerhalb der Gruppe.

Vertrauen:

Vertrauen in sich selbst und Vertrauen in Andere sind zwei Seiten einer Medaille. Manche Menschen brauchen Zeit, vertrauensvolle Beziehungen einzugehen. Geduld und Fingerspitzengefühl

helfen ihnen dabei. Positive Vertrauens-
erfahrungen erzeugen treue Mitglieder.
Es lohnt sich also, diesem Aspekt Auf-
merksamkeit zu widmen.

Umgangsformen:

In Gruppen treffen sehr unterschiedliche Menschen aufeinander. Nicht jeder
mag jeden anderen gleich gern. Sympathie zwischen allen Mitgliedern ist darum keine Selbstverständlichkeit. Im
Tauschring hat im Grundsatz jeder mit
jedem zu tun. Das kann auf Dauer nur
funktionieren, wenn sich Umgangsformen herausbilden, die nicht auf Sympathie, sondern auf Gruppenzugehörigkeit
aufgebaut sind. Umgangsformen bilden
den Kitt zur Stabilisierung schwieriger
Beziehungen.

Ziele:

In dem, was sich eine Gruppe vor-
nimmt, wollen sich alle Beteiligten wie-
derfinden. Das macht es so wichtig, die
Ziele gemeinsam zu erarbeiten. Vorge-
gebene Ziele schwächen die Bereitschaft

zum persönlichen Engagement, gemeinsam entwickelte Ziele stärken die Identi-
fikation mit der Gruppe.

Schlussbemerkungen:

Natürlich hat der Tauschring Neumünster eine Homepage. Schauen Sie mal rein unter: http://www.tauschring-neumünster.de/.
Wenn Sie mit uns persönlich in Kontakt treten möchten, so nutzen Sie bitte unsere E-Mail-Adressen
bernd-wulf@t-online.de oder
m.maass-nms@t-online.de.
Wir haben uns bemüht, alle Informationen sorgfältig zusammen zu tragen. Für die Richtigkeit der Angaben können wir allerdings keine Haftung übernehmen.
Haben Sie Anregungen, Ideen, Kritik, Änderungsvorschläge? Dann setzen Sie sich bitte mit uns in Verbindung. Bei einer Neuauflage werden wir das Buch überarbeiten und Ihre Anregungen aufnehmen.

Übrigens:
Überschüsse aus diesem Buchprojekt werden an Tauschringe oder ähnliche Projekte ausgeschüttet.